AF402374

MOYENS

DE PAYER

LES DETTES ARRIÉRÉES DE L'ÉTAT,

OU

RÉPONSE

A la Brochure de M. le duc DE GAETE,

intitulée :

OPINION PRÉLIMINAIRE SUR LES FINANCES;

Par un ancien Négociant.

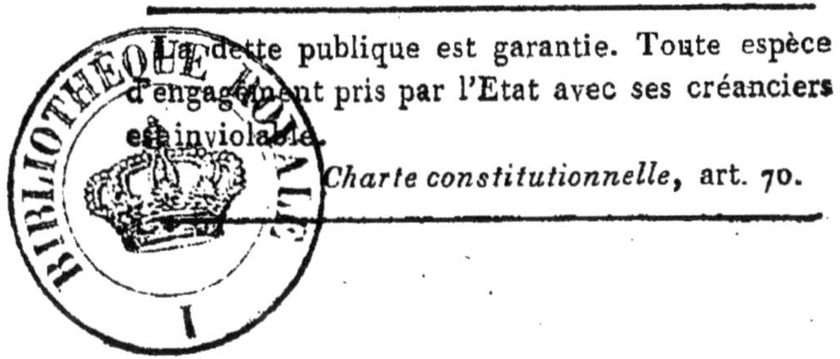

La dette publique est garantie. Toute espèce d'engagement pris par l'Etat avec ses créanciers est inviolable.

Charte constitutionnelle, art. 70.

Chez Mme. GOULET, Libraire, galerie de Bois, N°. 259, au Palais Royal.

De l'Imprimerie de NOUZOU, rue de Cléry, n°. 9, à Paris.

Novembre 1815.

MOYENS

DE PAYER

LES DETTES ARRIÉRÉES DE L'ÉTAT,

OU

RÉPONSE

A la Brochure de M. le duc DE GAETE, *intitulée :*

OPINION PRÉLIMINAIRE SUR LES FINANCES.

La dette publique est garantie. Toute espèce d'engagement pris par l'Etat avec ses créanciers est inviolable.

Charte constitutionnelle, art. 70.

En présentant sommairement , dans les circonstances difficiles où se trouve la France, des vues sur les Finances qu'il a cru pouvoir être utiles, M. le duc de Gaëte a eu aussi pour but de repousser les attaques dangereuses qu'a dirigées contre ses dernières opérations et surtout contre ses principes de crédit public, l'auteur anonyme d'une volumineuse brochure publiée au mois de septembre dernier, sous le titre d'*Observations et Éclaircissemens par un créancier de l'État sur les différens systèmes de Finance suivis en France depuis l'an 8 jusqu'au 8 juillet 1815*.

M. le duc de Gaëte n'a vu dans cet écrit, qui décèle un talent supérieur, que l'intention de jeter de la défaveur sur sa longue et laborieuse administration : peut-être a-t-il produit ce résultat, sans l'avoir eu pour objet; mais, s'il semble dicté principalement par le désir de consacrer les véritables principes de crédit public, on ne peut disconvenir, du moins, que son auteur n'ait voulu en même temps acquérir des suffrages au système de Finance dont M. le baron Louis a fait la base de la loi du 23 septembre 1814; système pour lequel l'anonyme professe ouvertement une entière admiration.

Laissant à la sagesse du Ministre actuel le choix des moyens les plus convenables pour le paiement des dépenses postérieures à 1814, du service de 1816, et des indemnités promises aux alliés par le traité de paix, M. le duc de

Gaëte s'occupe seulement des dettes antérieures au 1er. avril 1814, solennellement garanties par la Charte. Il cherche à prouver que le Gouvernement doit renoncer à s'acquitter en Bons Royaux à 3 ans comme M. le baron Louis l'avait entrepris; et sans s'inquiéter le moins du monde de la ruine des créanciers de l'État, il décide hardiment qu'ils ne peuvent être payés autrement qu'en inscriptions sur le grand-livre de la dette publique.

D'après M. le duc de Gaëte, le gouvernemt. devrait payer sa dette arriérée en inscriptions sur le G.-Livre.

Après avoir essayé de prouver à mon tour qu'on doit écarter l'un et l'autre systèmes , j'oserai indiquer, comme meilleur, un autre mode de libération.

Lorsqu'en mars 1813 M. le duc de Gaëte , Ministre des Finances , proposa de payer en inscriptions sur le grand-livre tout ce qui restait dû sur les exercices antérieurs à 1810 , comme j'étais loin de lui refuser la justice qu'on rend généralement à son caractère et à son intégrité , je pensai que l'homme public avait été obligé de faire une concession pénible à un maître aussi déloyal que despotique ; mais puisque, replacé à la tête des Finances, par ce maître obligé pour quelques temps d'être moins absolu , M. Gaudin a présenté le même mode de paiement à la Chambre dite des Représentans , et qu'éloigné de l'administration , il le conseille encore à un Gouvernement jaloux de ne jamais manquer de foi , je suis forcé de voir dans cette malheureuse constance l'entraînement de l'habitude , ou une véritable erreur de jugement.

Cette libération arbitraire et incomplette , habilement combattue par l'anonyme , est contraire à toute équité et entièrement subversive du crédit public ·

1°. Parce qu'elle porte un préjudice considérable aux anciens propriétaires de rentes ;

2°. Parce que considérée comme retenant arbitrairement et pour toujours, à l'intérêt de 5 p. o/o , un capital que le propriétaire redemande , elle est *un emprunt forcé des plus odieux ;*

3°. Parce qu'enfin , l'inscription donnée en paiement ne pouvant être réalisée en numéraire que par négociation sur la place, *avec perte ,* cette prétendue libération est *une véritable banqueroute.*

La consolidation forcée de l'arriéré cause un préjudice considérable aux *anciens* propriétaires de rentes.

Je vais développer ces trois propositions.

La grande émission d'inscriptions au grandlivre , qu'exigerait le paiement de la dette arriérée , ne pourrait avoir lieu qu'au grand

préjudice des propriétaires actuels de rentes :
» car tant qu'elles ne sont pas au pair, toute
« nouvelle émission tend à en avilir le cours
« et n'est, dès lors, qu'un impôt déguisé, mis
« sur tous les propriétaires de rentes, lequel
« agit en réduisant proportionnellement la
« valeur de leurs capitaux du montant de la
« valeur des nouvelles rentes émises, et
« même dans une proportion plus forte. » [*]

Peut-être m'objectera-t-on que les porteurs
des billets d'un particulier plus ou moins
décrédité ne pourraient pas lui refuser le
droit d'en émettre de nouveaux, si ses besoins
l'exigeaient, malgré la dépréciation que cette
émission devrait causer à ceux qu'il leur avait
précédement consentis, et que le Gouvernement, en émettant de nouvelles rentes, ne
fait qu'user de ce droit incontestable.

La réponse est facile : les inscriptions
de rente n'ont dû être, dans leur ori-
gine, que les reconnaissances représentant
des capitaux *librement* aliénés par des particuliers entre les mains du Gouvernement,
sous l'engagement pris par lui d'en acquitter
perpétuellement l'intérêt à 5 p. 0/0. Sous ce
rapport essentiel, mais trop méconnu, l'existence du grand-livre de la dette publique

____

[*] Opinion d'un créancier de l'État, pages 68 et 69.

doit être considérée comme utile à la fois au Gouvernement, à qui elle peut procurer des capitaux à un taux d'intérêt supportable, et à plusieurs classes nombreuses de particuliers auxquelles elle offre le placement de fonds le plus simple et le plus commode : ce n'a pu être que par un grand abus d'autorité que, par la suite, le Gouvernement, dénaturant cette institution, a fait, des inscriptions *à créer*, un moyen de se libérer de capitaux exigibles (1), et a joint ainsi des *rentiers forcés* aux anciens *rentiers volontaires*, au préjudice des uns et des autres.

La consolidation arbitraire de l'arriéré est un emprunt forcé des plus odieux.

L'inscription forcée des créances arriérées de l'État, *retenant arbitrairement à l'intérêt de 5 p.* o/o des capitaux que le propriétaire a d'autant plus le droit de redemander, qu'ils lui sont dus depuis plusieurs années sans intérêt ni indemnité, est *un véritable emprunt forcé*; j'ajoute *des plus odieux*, parce qu'il n'est jamais remboursable, et qu'au mépris des principes de justice distributive, on y assujétit seulement deux classes de citoyens dont se composent les créanciers de l'État : les salariés de diverses administrations et les entrepreneurs de services publics.

Il est aisé d'en démontrer l'injustice et les conséquences graves dans l'un et l'autre cas.

Le salarié civil ou militaire, créancier de l'État, n'avait engagé ses services que pour en recevoir comptant, ou après quelques mois de délai, le salaire presque toujours indispensable pour sa subsistance ou celle de sa famille ; le Ministre des Finances qui *consolide l'arriéré* le choisit pour son prêteur, ou plutôt pour sa victime ; sans consulter ses besoins, il l'érige en capitaliste ; il décide que cette somme ne lui est pas nécessaire, qu'elle est pour lui un capital superflu dont il suffira qu'il perçoive les intérêts à 5 p. o/o. Peut-être ce malheureux salarié attend avec impatience, avec anxiété, la modique somme qui lui est si bien due, pour distribuer du pain ou des vêtemens à sa mère, à sa femme ou à ses enfans ; n'importe, il faudra qu'il réduise leur appétit ou leurs besoins au vingtième, car tel est le bon plaisir du Ministre des Finances.

La consolidation forcée de la dette arriérée est donc, à l'égard des salariés, aussi contraire à la justice qu'à la raison.

Un emprunt forcé fait à des fournisseurs ou entrepreneurs paraît d'abord moins injuste, et il ne manque pas de raisonneurs superficiels qui louent cette mesure comme une haute conception de Finance : je ne serais pas étonné que ceux qui, parmi eux, sont le plus dépourvus de connaissances administratives et qui n'ont aucune idée des précautions que ne manquaient pas de prendre les Ministres pour assurer la modicité des prix, toujours garantie par la concurrence, ni des manques de foi partiels que ces entrepreneurs ont déjà éprouvés de la part d'un gouvernement arbitraire, toujours juge et partie, poussent leur admiration jusqu'à dire au Ministre des Finances :

> Vous leur fîtes, Seigneur,
> En les *volant*, beaucoup d'honneur.

Mais ce n'est pas cette classe de lecteurs que j'entreprends de convaincre ; je m'adresse surtout aux hommes instruits et dépouillés de prévention.

Si le fournisseur, ou entrepreneur, est propriétaire de tous les capitaux qu'il avance au Gouvernement, ce qui est fort rare, la consolidation forcée de sa créance présente le grand inconvénient de *condamner à l'inertie et de frapper de stérilité des capitaux qui étaient consacrés au service public.* On en paye l'intérêt ; mais cet intérêt ne peut être employé, ni suffire aux services auxquels le capital était affecté. *Transformer en rentiers les fournisseurs*, c'est leur enlever tous moyens de servir le Gouvernement, c'est les congédier, en même temps que leur sort doit empêcher tout capitaliste de venir les remplacer. *C'est* donc *désorganiser volontairement l'Administration.*

Mais la plupart des entrepreneurs ou des fournisseurs ne sont pas propriétaires des grands capitaux qu'il font mouvoir et qu'ils prêtent au Gouvernement pour un court espace de temps sous la forme de travaux, de denrées ou de marchandises. Ils en doivent une grande partie à leurs préposés, à leurs agens, à des capitalistes, à des fabricans auxquels ils ont consenti des engagemens à échéances fixes, qu'ils ne peuvent remplir qu'autant que l'État, leur débiteur, tient les siens.

Au lieu d'effectuer le remboursement de leur capital, sur lequel ils ont dû compter, le Ministre des Finances les force à le prêter éternellement et ne leur accorde que l'intérêt arbitrairement fixé à 5 p. o/o, taux généralement inférieur à celui auquel ils sont eux-mêmes assujétis.

Quoi de plus injuste et de plus absurde à la fois qu'une loi qui force un homme à prêter au Gouvernement des capitaux, qui ne lui appartiennent pas, à un intérêt moindre que celui qu'il paye, tandis que la loi de tous les temps et de tous les pays le force à rembourser les mêmes capitaux aux particuliers qui les lui ont prêtés?

Comme en exerçant cette violence envers ses créanciers, le Ministre des Finances ne leur prête pas sa toute-puissance pour contraindre leurs propres créanciers à subir le même mode de libération, rien ne peut arrêter les effets désastreux de cette spoliation, il faut qu'ils aient leur cours inévitable : *le créancier de l'État qui n'est pas payé ne paye pas ses créanciers.*

Quand la consolidation forcée frappe un salarié de l'État, sa famille et quelques misérables créanciers souffrent avec lui.

Quand ce cruel système immole un fournisseur ou entrepreneur, une multitude innombrable de capitalistes, de négocians, de cultivateurs et d'ouvriers est enveloppée dans sa ruine. (2)

L'inscription au G.-Livre des dettes de l'Etat est une banqueroute mal déguisée.

La consolidation forcée des dettes de l'État est une *véritable banqueroute* de 25, 30, 40 p. o/o, ou plus, suivant que le cours de la rente est à 75, 70, 60, ou au-dessous.

Il est bien déplorable qu'on soit obligé de

prouver par des argumens une vérité aussi évidente et que les plus simples notions de bon sens suffisent pour apercevoir.

De deux choses l'une ; ou l'inscription sur le grand-livre convient au créancier auquel on veut la faire accepter par force, et il peut la garder pour se borner à en toucher les revenus ; ou elle ne convient pas à sa position financière, et il est forcé de la vendre pour en retirer des fonds absolument nécessaires à la continuation d'un commerce, ou au paiement d'engagemens quelconques. La plupart des créanciers de l'État sont dans ce dernier cas ; mais je défie qu'on puisse en placer un hors des deux hypothèses que je viens d'établir. Encore une fois, nécessairement, ou ils peuvent garder la rente, ou ils sont obligés de la vendre.

Je suppose donc que le Gouvernement déclare arbitrairement, sans pitié comme sans pudeur, les dettes de l'État payables en espèces sous la réduction des deux cinquièmes, et qu'un créancier, à qui il était dû 100,000 fr., reçoive 60,000 fr. en espèces en vertu de cette loi spoliatrice, la rente étant, par exemple, au cours de 60 p. 0/0 ; s'il lui convient de garder des 5 p. 0/0 consolidés, il n'a qu'à se rendre à la bourse en sortant du Trésor public, et avec ses 60,000 fr., il en achetera pour 100,000 fr., somme égale, *nominativement*, à celle que l'État lui devait : cependant, lui diriez-vous qu'il n'a pas éprouvé une banqueroute de 40 p. o/o, lorsque le Gouvernement, plus franc, l'aurait avouée et consacrée par une loi ?

Si, au contraire, une loi différente mais aussi cruelle a forcé un créancier de l'État à recevoir en paiement d'une créance de 100,000 fr. une inscription de rentes qu'il est obligé de vendre ; en sortant du Trésor public, le malheureux la porte à la bourse et n'en rapporte que 60,000 : qui osera lui dire qu'on ne lui a pas fait banqueroute de 40 p o/o ?

Étrange résultat de cette *garantie de dette publique* pour laquelle tant de milliers de familles devaient particulièrement bénir le Roi ! Voilà, cependant, comment on ose lui conseiller de se libérer *d'engagemens* qu'il a promis de regarder comme inviolables !....

Il est donc démontré que *le paiement en rentes* est une véritable banqueroute.

Il est tout aussi facile de prouver :

1°. Que cette banqueroute pervertit les créanciers de l'État, parce qu'elle les dispose et les autorise, en quelque sorte, à s'adjuger, à la première occasion, des dédommagemens par des fraudes auxquelles ils n'eussent jamais songé, mais dont le désir naturel de la vengeance leur suggère l'invention;

2° Qu'en ôtant pour l'avenir tout crédit au Gouvernement (3), elle éloigne des affaires publiques les fournisseurs riches et honnêtes, qu'on ne peut remplacer que par des intrigans ou des fripons, auxquels on se trouve forcé d'accorder, indépendamment d'une forte augmentation de prix, des avances de fonds souvent insuffisamment garanties.

La consolidation forcée de la dette flottante est donc non-seulement contraire à toute idée de justice, mais aussi nuisible à la morale publique qu'aux intérêts de l'État.

M. le duc de Gaëte ne combat aucun des argumens de l'anonyme contre la consolidation forcée(4). Il se borne à dire, en débutant, « qu'il est permis de désirer que le poids « énorme des sacrifices qu'exigent les circons- « tances ne porte pas en entier sur la généra- « tion présente, et *que les mesures à prendre* « *soient combinées de manière à rendre moins* « *pesant un fardeau qui, divisé, serait plus* « *supportable.* » On voit combien est faible

La banqueroute du gouvernement est aussi contraire à ses intérêts qu'à la morale.

la première partie de ce raisonnement : quant à la seconde, je m'en empare comme d'un principe que je tournerai bientôt contre lui.

Personne n'est plus disposé que moi à rendre justice au mérite de M. le duc de Gaëte : il n'est pas besoin, sans doute, de mon témoignage pour qu'on reconnaisse que, pendant les quatorze années de son administration (efficacement secondée par celle de M. le comte de Molien), les abus introduits dans la perception et la rentrée des contributions pendant les premières années de la révolution ont été détruits ; que la gestion des receveurs de toutes les classes a été mieux surveillée, et le mode de comptabilité établi d'une manière plus claire et avec plus de régularité, et qu'enfin l'administration des finances laisse maintenant peu à désirer dans tout ce qui se rattache aux recettes. Mais comme la prédilection d'un ancien Ministre des finances, pour le paiement en rentes, peut entraîner l'opinion de quelques personnes qui, au lieu d'approfondir et de comparer, trouvent plus commode de dire : *Experto crede Roberto,* il faut bien se résoudre à leur faire remarquer que c'est précisément parce qu'il a été longtemps à la tête des finances sous un gouvernement souvent infidèle à ses engagemens, que M. le duc de Gaëte doit sembler plus inhabile à conseiller sainement le gouvernement royal qui doit rappeler le crédit par sa loyauté.

Je ne pense pas qu'on ose reproduire le pitoyable prétexte que *ces dettes sont arriérées*. Ce n'a pu être que par un oubli complet des plus simples idées de justice, et même du sens commun, dont la révolution française n'offre que trop d'exemples, qu'on a pu condamner certains créanciers à être payés incomplètement, ou pas du tout, par cela seul que leur créance datait de quatre ou cinq ans, ou plus ; car il est de la dernière évidence que *les dettes arriérées sont les plus sacrées et doivent être payées les premières*, puisqu'à l'obligation écrite pour le capital se joint l'obligation morale des intérêts que le Gouvernement n'a jamais accordés. Par quelle épithète peut-on châtier un débiteur puissant, qui dit : « Je « ne vous dois plus rien, ou je ne vous dois « qu'une partie de la somme que vous m'avez « prêtée, parce que je vous la dois depuis « quatre ou cinq ans, et que je ne veux pas « vous en payer les intérêts? » Si le comble de l'absurdité n'est pas dans ce peu de mots, où peut-il exister ?

Je dois prévoir le cas où quelques partisans de la consolidation forcée, vaincus par les argumens que je viens de reproduire contre ce système, me diraient : Oui, sans doute, c'est une banqueroute, dangereuse pour la morale et pour les intérêts de l'État, mais elle est nécessaire : les alliés exigent de si fortes indemnités, les impôts sont déjà à un si haut point, et la dette arriérée est si considérable, que le Gouvernement ne peut la payer que par ce moyen ; ou, plutôt, qu'on ne doit pas trouver mauvais qu'il ne l'acquitte pas intégralement.

Je réponds par un principe applicable, presque sans exception, à tous les temps et à tous les pays. — La banqueroute d'un gouvernement est la plus odieuse de toutes les banqueroutes, parce que, n'eût-il pas comme en France des propriétés à vendre (les biens des communes et une partie des bois de l'État), et eût-il perdu par ses infidélités précédentes tout moyen de faire un emprunt, ayant des dépenses temporairement réductibles et des revenus assurés qu'il dépend de lui d'augmenter, il ne peut, *dans aucun cas*, prétexter l'impossibilité de payer ses dettes intégralement.

On me répliquera peut-être qu'il est un point au-delà duquel il'est impossible d'*augmenter* les impôts. Cela est vrai, sans doute, de l'impôt foncier qui équivaudrait bientôt à une expropriation si on l'augmentait hors de toute proportion avec le produit des propriétés foncières; mais qui pourra prouver qu'on est bien certainement arrivé au point où l'on ne peut plus augmenter aucun des autres impôts existans, ou en créer un nouveau? C'est précisément le parti qu'il est juste de prendre tôt ou TARD, plutôt que de faire banqueroute aux créanciers de l'État, par la raison toute simple qu'il y a une erreur bien cruelle à ne vouloir pas priver les 19 vingtièmes de la population d'une partie de leur superflu pour conserver à l'autre vingtième l'absolu nécessaire (5), ou, pour me servir des expressions de M. le duc de Gaëte lui-même, parce qu'il faut combiner les mesures à prendre de *manière à rendre moins pesant un fardeau qui, divisé, serait plus supportable.*

Toutefois, malgré ce principe, que les contribuables se rassurent et continuent de lire; je proposerai de payer la dette arriérée sans augmenter *dès à présent* aucune espèce d'impôt.

Ne pouvant prétexter que l'impossibilité *actuelle* et jamais *définitive* de s'acquitter intégralement, LE SEUL DROIT QUI RESTE AU GOUVERNEMENT est de prendre les délais nécessaires pour effectuer ses paiemens, en donnant le plutôt possible à ses créanciers un titre représentatif de leur créance, payable à une échéance fixe, et portant un intérêt quelconque.

Il faut renoncer au système de M. le baron Louis.

J'ai été jusqu'ici constamment en opposition avec M. le duc de Gaëte quant à son système de la consolidation forcée ; je vais me rapprocher de son opinion quant au système de M. le baron Louis, dont je pense, ainsi que M. le duc de Gaëte, qu'on ne peut reprendre l'exécution.

1°. L'échéance de trois ans donnée à la *totalité* des Bons royaux ou obligations du Trésor nuisait essentiellement à la confiance qu'ils devaient inspirer. Si, comme M. le baron Louis l'avait annoncé (6), les liquidations avaient été achevées en dix-huit mois, il est évident que le Ministre des finances s'imposait l'effrayante obligation d'acquitter aussi dans un espace de dix-huit mois 5 ou 600 millions d'obligations à échéance fixe. Le crédit public et l'intérêt même des créanciers auraient exigé, je crois, que chaque créance fût acquittée en obligations payables par tiers dans trois, quatre et cinq ans.

2°. L'impossibilité de toucher les intérêts des obligations du trésor ailleurs qu'à Paris, devait nécessairement nuire à leur valeur, en les tenant constamment étrangères aux capitalistes des départemens. Tel créancier éloigné qui aurait pu les garder jusqu'à l'échéance, les vendait uniquement pour ne pas être assujéti à entretenir un correspondant à Paris pour en toucher les revenus. Le cours des obligations du trésor était donc, jusqu'à certain point, à la discrétion des capitalistes de cette place, et l'emploi de fonds qu'elle leur offrait, devait inévitablement faire baisser les autres effets publics auxquels ces fonds avaient jusque là servi d'aliment.

3°. Les obligations du trésor n'avaient pas de garantie fixe et assez positive. Elles devaient être acquittées : 1°. par les produits des biens des Communes ; 2°. des bois de l'Etat à vendre par une économie de 70 millions *à faire* sur l'ensemble des dépenses annuelles. Je pense qu'une affectation unique, plus précise, et indiquée sur le titre même, telle que leur admission en paiement d'une partie des impositions des années de leurs échéances, leur eût acquis bien plus de confiance.

4°. J'ai toujours pensé, ainsi que M. le duc de Gaëte, que son successeur s'était placé imprudemment dans une position qui pouvait lui faire craindre la rapidité des liquidations (7). Il me paraît évident que la masse des Bons royaux en circulation devant s'accroître en proportion des progrès de la liquidation, bientôt les capitaux dont le Ministre pouvait disposer pour le rachat de ces valeurs, n'auraient pas suffi pour continuer cette opération, qui avait contribué si puissamment à les faire monter presqu'au pair ; et puisqu'il est constant que plus de moitié des obligations émises ont été rachetées dans les quatre ou cinq mois qui les ont vu paraître, cette émission n'était-elle pas à peu près illusoire ? Et n'y avait-il pas trop peu de différence entre payer les créanciers en espèces, ou leur donner des valeurs dont on rachetait le lendemain en numéraire la plus grande partie ?

Je terminerai mes attaques contre ce système, en signalant un de ses défauts les plus graves que la pureté des intentions de M. le

Laron Louis ne lui avait sans doute pas permis d'appercevoir. Certes, il y avait trop d'inconvéniens à ce que le dépositaire de la fortune publique pût devenir le premier agioteur de la Bourse et du Royaume ; et que, fort de tous les avantages de sa place et des capitaux immenses dont il a le mouvement, il pût s'instituer le banquier d'un jeu trop inégal, dans lequel se seraient englouties, s'il l'avait voulu, beaucoup de fortunes particulières.

Il faut donc renoncer à l'exécution de ce système, que l'auteur serait peut-être disposé à modifier considérablement, quelques mois d'expérience ayant dû lui en faire connaître les imperfections, et les maux bien plus grands des circonstances actuelles exigeant un remède plus sûr.

Honneur, toutefois, à monsieur le baron Louis ! Après vingt-cinq ans plus ou moins entachés d'erreurs ou d'injustices financières, il est le premier Ministre des Finances qui ait fait entendre à la tribune le langage de la probité ; il a le premier proclamé ce principe si simple, si précieux, et si méconnu jusqu'ici parmi nous, quoiqu'il ait puissamment contribué à créer l'étonnant crédit d'une nation voisine : C'est que le gouvernement devrait toujours *s'acquitter entièrement , et comme un particulier honnéte homme* (8). Si le système de M. le baron Louis était vicieux sous quelques rapports , n'oublions pas qu'il se distinguait par une louable sollicitude pour le sort des créanciers de l'Etat , par un grand respect pour la parole royale , qui avait garanti la dette publique , et qu'il avait pour base la justice et la fidélité aux engagemens, sans lesquelles il ne peut exister de crédit public.

Après avoir prouvé que le système de monsieur le duc de Gaëte n'est qu'une banqueroute mal déguisée , et que celui de monsieur le baron Louis présente de graves imperfections , j'oserai proposer la création d'un nouveau genre de valeurs pour le paiement de la dette arriérée.

Je suppose la dette arriérée d'environ 300 millions.

Je me crois fondé à supposer que cette dette ne s'élèvera pas à la fin de novembre courant, au-delà de 300 millions (9). Voyons à quelle époque la terminaison de sa liquidation permettrait d'avoir mis à exécution en entier le mode de paiement que je hasarde de proposer.

Monsieur le baron Louis disait , en août 1814, à la Chambre des Députés que ce travail pourrait être achevé en dix-huit mois, c'est-à-dire vers le commencement de 1816; quoique la révolution du 20 mars dernier et l'invasion des armées étrangères n'aient pas interrompu les opérations des liquidateurs, supposons qu'un plus long délai leur soit nécessaire ; mais reconnaissons qu'enfin la liquidation totale des dettes antérieures au 1er. avril 1814 pourrait et devrait être achevée avant le 30 septembre 1816. Si cette tâche est trop forte pour le nombre d'hommes qui en est chargé actuellement, il doit être facile, à une époque où tous les Ministères ont plus d'employés que la marche future de l'administration n'en exigera, d'en mettre le nombre suffisant à la disposition des chefs de la liquidation (10).

La dette arriérée devrait être liquidée avant le 30 septembre 1816.

Il s'agit donc d'indiquer un genre de valeurs que le gouvernement puisse émettre, d'ici au 30 septembre prochain, jusqu'à environ 300 millions.

Laissant au Ministre des finances les ressources le plus prochainement disponibles ; savoir : 1°. les contributions établies ; 2°. la création de nouveaux impôts ou l'augmentation de ceux qui existent ; 3°. l'économie ré-

sultant de la réduction des traitemens ; 4°. enfin, la vente des biens des communes et des
bois de l'État, pour payer les dépenses courantes et les indemnités promises aux Alliés ,
premiers créanciers de l'État , non sous le
rapport de la date de leurs créances , mais sous
d'autres rapports qu'il est facile de saisir , je
propose de créer , pour le paiement de la
dette arriérée , des obligations ou annuités ,
divisées en trois séries d'une égale importance,
admissibles , savoir :

La 1re. série en paiement du quart de toutes
sortes d'impositions de l'an......... 1821.

La 2e. série.....*id*....*id*...de l'an 1822.

La 3e. série.....*id*....*id*...de l'an 1823.

Cette destination ou affectation serait indiquée sur le titre même dont elle serait la garantie.

Ces obligations porteraient intérêt à 6 p.
o/o à dater du 1er. janvier 1816.

Pour qu'elles pussent convenir aux capitalistes des départemens comme à ceux de Paris,
cet intérêt devrait être payable au Trésor public , ou dans les caisses de tous les receveurs
généraux , au choix des porteurs. Ceux qui
désireraient toucher l'intérêt dans un autre
département que celui de la Seine , en feraient

la demande au receveur général du chef-lieu qu'ils auraient choisi , en lui confiant leur titre , sur son récépissé , quarante-cinq jours avant le 3o juin et le 31 décembre. Ce délai suffirait au receveur général pour disposer les fonds nécessaires à ce paiement et pour adresser l'obligation au Ministre des finances , qui la lui renverrait revêtue du certificat de confrontation avec le talon dont le registre unique resterait à Paris. On jugerait s'il serait nécessaire d'assujétir les porteurs d'obligations qui voudraient en toucher l'intérêt au Trésor public , à le présenter au *visa* dix ou quinze jours d'avance.

Ces obligations devraient être transmissibles comme les effets de commerce par un simple endossement.

J'ai fixé l'intérêt à 6 p. o/o , parce que c'est le taux du commerce , et que la plupart des créanciers de l'État étant commerçans, payent au moins sur ce pied l'intérêt des sommes qu'ils doivent. Il doit dater du 1er. janvier 1816, parce que les créanciers ont déjà beaucoup souffert par un retard de deux ans pour les moins malheureux, et de sept à huit ans pour d'autres , et qu'il faut que cette perte ait un terme fixe qui les rende tous moins inquiets

sur l'époque de leur liquidation. Je vais m'appuyer ici de l'autorité de M. le duc de Gaëte, avec d'autant plus de confiance que personne ne l'accusera, je crois, de vouloir *trop bien traiter* les créanciers de l'État. Il va plus loin que moi (pag. 8), en reconnaissant que les inscriptions de rente qu'il veut faire délivrer aux créanciers de « l'État doivent porter inté-
« rêt à dater du 22 mars 1815 (neuf mois
« avant l'époque que je propose), quelle que
» soit l'époque à laquelle la créance sera ins-
« crite. Il ne serait pas juste, en effet, que la
« jouissance des intérêts dépendît du moment
« plus ou moins rapproché de la liquidation
« de chaque créance. »

Je n'examinerai pas ici jusqu'à quel point il peut être utile et praticable, vu l'état de pénurie où seront encore long-temps les Finances de la France, de constituer *dès à présent* une véritable Caisse d'amortissement, et de lui assurer des ressources pour amortir prochainement une partie de la dette publique ; mais je ferai remarquer que si cet Établissement est reconstitué et doté, ses premiers rachats devraient porter sur les obligations dont il vient d'être question de préférence aux inscriptions sur le grand-livre, qui grèvent l'Etat d'un intérêt un peu moins fort, et dont le capital n'est jamais exigible.

On ne manquera pas de m'objecter que je recule l'embarras du Gouvernement au lieu de le détruire, et qu'il sera obligé d'augmenter de 100 millions par an les impôts des trois années 1821 à 1823, pour remplacer le vide que produira dans ses recettes la rentrée inévitable de pareille somme de valeurs nulles.

La France ayant, dans la fertilité de son sol et dans l'industrie de ses habitans, un germe assuré de richesses futures, reculer son embarras, c'est évidemment lui donner un sûr moyen de le détruire.

Nous supportons constamment plusieurs impôts devenus permanens, quoique établis pendant le cours de la révolution comme temporaires ; ce qui prouve évidemment que s'il est difficile d'établir de nouveaux impôts, rien n'est plus aisé que de les maintenir lorsque les contribuables ont l'habitude de s'y soumettre.

Puisque la France doit payer pendant cinq ans aux puissances alliées des redevances qu'on peut évaluer à deux cent soixante millions par an, la création de nouveaux impôts et l'augmentation de ceux qui existent est évi-

demment nécessaire dès à présent pour, con-
curremment avec le produit des domaines à
vendre, élever les recettes au niveau des dépenses. Rien ne peut nous dispenser de maintenir pendant cinq ans les contributions au
point très-élevé qu'exigera l'énormité des dépenses ; mais les contribuables verront allé-
ger considérablement leur fardeau au bout
de la cinquième année, quoique toute la dette
arriérée reste encore à payer.

1°. Parce qu'elle exigera 16o millions par
an de moins que les tributs payés aux alliés ;

2°. Parce que, si le Gouvernement adopte
dès son début un système de finances fondé
sur la justice et la bonne foi, et qu'il tienne
fidèlement tous ses engagemens pendant les
cinq ans qui vont s'écouler, il est hors de
doute qu'il aura obtenu alors une économie
importante sur le prix de tous les services
publics ;

3°. Parce que bien des pensions ecclésias-
tiques, civiles et militaires se seront éteintes
sans être compensées, à beaucoup près, par
celles qu'il aura fallu accorder dans le même
temps ;

4°. Parce qu'il est raisonnable d'espérer
qu'après cinq ans de paix, à mesure que nous

nous éloignerons des époques désastreuses qui ont appauvri le Royaume , le produit des contributions indirectes qui reposent sur les transactions entre particuliers , sur l'activité du commerce , sur la consommation des denrées et des marchandises imposées, s'accroîtra en raison de l'aisance générale (11).

Je trouve dans l'émission que je propose plusieurs avantages que je ne développe pas , mais qui sont bien compensés sans doute par des inconvéniens que je n'ai pas su prévoir, et qui n'échapperont pas à des yeux plus clairvoyans que les miens ; je dois me borner à donner l'idée principale de ce système , et laisser aux personnes consommées dans l'administration des finances le soin de le perfectionner en lui faisant subir les modifications nécessaires, et en réglant les dispositions accessoires de sa création et de son exécution.

Malgré les précautions que j'indique pour assurer aux créanciers de l'État la jouissance d'un intéret raisonnable et le remboursement de leur capital à une époque fixe , je ne me dissimule pas qu'on n'atteindrait pas le but louable que s'était proposé M. Louis, de *les mettre à l'abri de toute perte* en leur donnant des valeurs qu'il voulait maintenir au pair (12).

Je sais que les obligations dont je conseille la création auraient, les premières années surtout, un cours défavorable, et que beaucoup de créanciers de l'État, pressés de réaliser des fonds, seraient obligés de les vendre bien au-dessous du pair ; mais quelques-uns du moins pourraient les garder jusqu'à leur échéance et les appliquer alors, au pair, au paiement de leurs impositions, ou les céder à des contribuables avec une légère perte ; d'autres trouveraient à emprunter une partie de leur capital en déposant ces valeurs jusqu'à une époque à laquelle ils pourraient les dégager par d'autres ressources, ou les vendre à un cours qui doit naturellement s'améliorer.

Ceux même qui auraient été forcés de vendre leurs obligations sauraient gré sans doute au Gouvernement de ses efforts, et reconnaîtraient qu'il n'a retiré aucun avantage de la perte qu'ils ont éprouvée, et qu'elle a été tout à fait indépendante de sa volonté. S'il s'en trouvait cependant qui, aigris par un sacrifice hors de proportion avec leur fortune, et ne voulant compter pour rien la position extrêmement difficile où se trouve le Gouvernement sous le rapport des finances, s'obstinassent à l'accuser de leur malheur ; je suppose, leur dirais-je, que n'ayant pu vous acquitter envers vos propres créanciers faute de recevoir à temps ce que l'État vous devait, vous leur ayez consenti, 1°. des engagemens à 3 ou 4 ans de terme pour le capital ; 2°. d'autres payables de six en six mois pour le montant de l'intérêt à 6 p. o/o, et que quelqu'un de ces créanciers, après avoir été forcé par sa position de négocier vos billets, vînt vous reprocher la perte que le discrédit de votre signature l'aurait obligé d'éprouver sur cette négociation, vous plaindriez son sort, sans doute, mais vous vous croiriez, avec raison, quitte envers lui en acquittant à leurs échéances vos billets pour les intérêts et le capital, parce qu'ayant été obligé, *par force majeure*, de lui demander un attermoiement, vous auriez fait tout ce qu'on pouvait humainement exiger de vous : payer les intérêts, et vous engager à époque fixe pour le capital. L'excuse que vous feriez valoir auprès de votre créancier, le Gouvernement peut vous l'opposer avec le même droit, parce que, contraint aussi *par force majeure*, il s'est conduit comme vous dans une situation pareille.

C'est surtout en comparant ainsi les rapports du Gouvernement avec ses créanciers, aux rapports d'intérêt et aux transactions des particuliers entr'eux, qu'on distingue facilement où commence l'arbitraire, la loi du plus fort, c'est-à-dire l'injustice. En Angleterre, le Gouvernement n'abuse jamais de sa force dans ces sortes de rapports, où il a senti la nécessité d'attirer et de fixer la confiance ; il ne croit pas plus avoir le droit d'être infidèle à ses engagemens financiers qu'un citoyen riche n'a le droit de faire banqueroute à d'autres citoyens. Aussi trouve-t-il toujours dans les circonstances imprévues, le moyen de faire l'emprunt qu'elles peuvent exiger ; aussi profite-t-il d'une grande économie dans ses dépenses, puisqu'aucun particulier n'achète aussi bon marché que lui, tandis qu'en France, nos Gouvernemens ont tout acheté, depuis 25 ans, infiniment plus cher que les particuliers.

Il est bien malheureux que lorsque tant de précepteurs politiques font les efforts les plus constans pour amener toutes nos institutions à n'être plus qu'une copie servile de celles du peuple qui nous ressemble le moins par les habitudes, les mœurs et le caractère, ils ne songent pas à nous recommander ce premier élément du crédit public : *la bonne foi dans les transactions financières,* si utilement pratiquée par le Gouvernement anglais, et qu'on peut d'autant plus hardiment introduire en France et ailleurs, que rien ne semble indiquer que ce moyen de crédit soit plus analogue au caractère de la nation anglaise qu'à celui des autres nations.

Puisse le noble exemple donné par M. le baron Louis être suivi par tous les hommes que leurs fonctions ou leur patriotisme appellent à concourir au retour, je pourrais dire, à la création du crédit public en France ! Il faut, dans cette branche importante de l'économie politique, comme dans quelques autres, renoncer complètement aux doctrines qui nous ont régis depuis 25 ans ; il faut que la justice et la bonne foi soient, dès à présent, la première base de tout système de Finances : hors de là, point de crédit ; et sans lui, point de prospérité publique (13).

L'essai du système adopté le 23 septembre 1814 ayant été bientôt interrompu par la catastrophe du mois de mars, et l'administration n'ayant pu être jugée depuis, parce qu'elle a opéré jusqu'à la signature du Traité au milieu d'embarras multipliés, d'obstacles sans cesse renaissans et sous l'influence d'une domination étrangère, le Gouvernement peut être considéré, sous le rapport des Finances, comme à son début. Les nombreuses classes de citoyens, dont les intérêts et les espérances se rattachent à la fortune publique, attendent impatiemment le budget et la loi sur les finances, qui vont être proposés aux deux Chambres. Le système que le Gouvernement va adopter, les premières mesures qu'il va prendre seront, pour ainsi dire, une déclaration de principes qui déterminera, pour un long avenir, le degré de confiance qu'on doit lui accorder.

Buonaparte, qui offrit quelque tems l'étrange constraste du gouvernement le plus puissant, le plus riche en numéraire et le plus décrédité, et qui, même quand il était maître de Berlin, aurait plus difficilement effectué un emprunt que le roi de Prusse, vit expirer, avant sa monstrueuse domination, le peu de crédit qu'il avait pu acquérir lorsque son trésor se grossissait des contributions des peuples voisins. Le crédit public renaissant n'a pu se consolider au milieu des orages terribles qui ont agité notre malheureuse patrie, et l'on est forcé d'avouer qu'il est à peu près nul dans les circonstances douloureuses où le poids de

charges énormes rendrait son secours si précieux.

Notre détresse est grande ! . . . . bien au-
dessus de l'idée que nous avions pu nous en
former avant la signature du Traité ; elle semble aussi supérieure aux ressources qui nous
restent.

Mais le crédit peut décupler ces ressources :
le Gouvernement Royal , plus fort encore de
la légitimité de ses droits , de sa probité et de
ses lumières , que des fautes et des manques
de foi des usurpateurs , peut dans un petit
nombre d'années se créer un crédit puissant.

Ah ! si les citoyens secondaient ses efforts
paternels par un véritable dévouement, que
les plaies de l'État seraient bientôt fermées !...
Mais pourquoi n'oserais-je pas le dire ? L'en-
nemi le plus dangereux de la prospérité publique en France , c'est l'égoïsme : fruit ignoble
, mais naturel de vingt-cinq ans d'existence
sous des gouvernemens étrangers au véritable
honneur, et qui repoussaient également la
confiance et l'amour. Il est permis d'espérer
que sous un régime qui offre tant de garanties ,
sous un Prince auquel se rattachent tant d'espérances , ce vice honteux cessera peu à peu
d'isoler et de dessécher les âmes.

Eh ! plûtôt que ne m'est-il permis de croire que j'ai jugé trop sévèrement mes concitoyens ! Il me serait si doux de penser qu'au moment où de grands maux exigent une grande résignation et de grands sacrifices, tous les Français y sont disposés par l'exemple si mémorable et si touchant que ne cesse de leur donner le Roi.

Nota. Devant, pour plus d'une raison, renoncer à tout amour-propre d'écrivain, et n'ayant eu pour but que d'être utile, j'ai emprunté, au commencement de cet écrit à l'auteur anonyme dont j'ai fait mention, non seulement des idées et des phrases, mais des pages entières, puisque la similitude du paiement en rentes avec un emprunt forcé et les judicieux développemens qui en font si bien ressortir la vérité sont copiés à peu près mot à mot de son ouvrage. Je ne me suis pas fait scrupule d'employer ses moyens pour arriver à un but différent du sien. J'ai cru qu'il serait avantageux de repro-

duire ses principes de crédit public dé-
gagés des rapprochemens multipliés, des
calculs nombreux qui grossissent sa brochure trop peu lue ; j'ai espéré captiver
plus facilement l'attention de quelques
lecteurs disposés à s'effrayer de l'appa-
reil laborieux que présente un grand
amas de chiffres ; enfin, le dirai-je ? j'ai
craint que ces excellens principes n'eussent perdu quelque chose à être professés
seulement par un écrivain qui ne semble
pas exempt de prévention et qui employe
aussi beaucoup de zèle et de talent à
louer *sans restriction* le système de
Finances de 1814, dont les imperfections
sont, je crois, assez généralement re-
connues.

NOTES.

(1) « C'est par un abus d'autorité que le Gouvernement, dénaturant l'institution des rentes sur le grand-livre, à fait, des rentes *à créer*, un moyen de se libérer de capitaux exigibles. » (page 8.)

Le Gouvernement obtiendrait plutôt qu'on ne croit une forte hausse sur le cours des rentes, s'il voulait déclarer en principe que celles qui existent sont la propriété sacrée des titulaires, et qu'il n'y portera plus atteinte en se faisant ressource de l'émission forcée de valeurs semblables. Il se priverait, me dira-t-on, d'un grand moyen de libération, plusieurs fois employé jusqu'à ce jour; mais si, en renonçant à cette libération injuste et arbitraire, il faisait remonter sa rente au pair et ramenait le crédit par la confiance, il trouverait soit dans les capitaux que l'on placerait alors *librement* sur le grand-livre, soit dans tout autre emprunt que sa fidélité éprouvée aurait rendu facile, de nouvelles ressources plus honorables et moins bornées que celles auxquelles il aurait eu le bon esprit et l'honnêteté de renoncer.

Si l'opinion que j'émets en faveur des propriétaires actuels de rentes paraît trop rigoureuse à nos grands financiers et qu'ils persistent à croire que le Gouvernement ne pourra pas, de long-temps, se passer de la ressource des *rentes à créer*, il me reste à leur faire observer qu'il faudrait au moins renoncer à en faire un moyen de libération arbitraire. Pourquoi, au lieu d'appliquer violemment ces valeurs dépréciées aux créanciers de *l'arriéré* qui n'ont pas dû s'attendre à la perte qu'elles causent et qui ont déjà souffert par un retard de quelques années, ne les emploierait-on pas au paiement d'une partie des dépenses courantes ? Ne pourrait-on pas obliger les entrepreneurs des services publics, avec lesquels on traitera pour les années 1816, 1817, etc., à recevoir en inscription sur le grand-livre le dernier quart ou le dernier cinquième du montant de ces services ? Les prix seraient fixés en conséquence et l'usage de cette ressource cesserait d'être injuste, parce qu'il serait annoncé d'avance et librement accepté. Ce serait une erreur de croire que ce mode de paiement occasionnât une hausse considérable dans les prix, parce que le Gouvernement, en fixant cette proportion du $\frac{1}{4}$ ou du 5e. rendrait la perte facile à évaluer, tandis que s'il se traine sur les routines déloyales des derniers gouvernemens, la crainte vague d'un arriéré *quelconque*, jointe à celle d'une liquidation *retardée exprès*, augmentera la méfiance des entrepreneurs, et par conséquent les prix qu'on sera obligé de leur accorder.

(2) « Quand le système de la consolidation forcée immole un fournisseur ou entrepreneur, une multitude innombrable de capitalistes, de fabricans, de cultivateurs et d'ouvriers est enveloppée dans sa ruine. » (page 12.)

M. le duc de Gaëte expose (page 6 de sa brochure)

les principaux devoirs d'un Ministre des Finances, et n'y fait entrer pour rien *l'exécution loyale des engagemens pris envers les entrepreneurs des services publics ;* il ajoute, avec complaisance, que si le Ministre, au lieu de chercher hors des routes battues des théories brillantes ou des systèmes nouveaux, a borné son ambition à l'observation des devoirs qu'il vient d'énumérer, *sa réputation aura peu d'éclat, mais qu'il n'aura pas à regretter les illusions de la gloire si son nom est béni dans la chaumière du pauvre.*

Certes, si j'avais été administrateur, j'apprécierais comme M. de Gaëte une aussi douce récompense que je craindrais toujours de n'avoir pas assez méritée. Mais si le Ministre des Finances fait adopter au Gouvernement une loi qui ruine déloyalement les fournisseurs, qu'il y prenne garde ! il faudra qu'il sache se passer des *bénédictions du pauvre*, car on peut naturellement supposer que le pauvre avait vendu à crédit à un entrepreneur du service des fourrages, des vivres ou de l'habillement, du foin ou de l'avoine, une vache ou quelques mesures de blé, quelques pièces d'étoffe ou la toison d'un modeste troupeau ; s'il est réduit à la mendicité par la banqueroute que l'entrepreneur sera forcé de lui faire, et qu'il sache qu'il existe un Ministre des Finances, seul cause de sa ruine totale, ce n'est certainement pas à le bénir que lui et sa famille désespérée passeront leur temps.

(3) « La consolidation forcée ôte, pour l'avenir, tout crédit au Gouvernement. « (page 15.)

« Le crédit ne peut être que le résultat de la con-

» fiance préalablement établie sur des bases solides. ...
» La confiance, comme on le sait, est le sentiment le
» plus indépendant ; il ne prend conseil que du *temps*,
» qui seul distingue les *prestiges* des *réalités*. » (brochure de M. le duc de Gaëte, pages 6 et 7). La valeur
nominale des 5 p. o/o consolidés est un véritable *pres-
tige* ; son produit, au cours de la bourse, est une *réalité :* croit-on que pour faire cette distinction, un créancier qui a subi la consolidation forcée, ait besoin de
beaucoup de *temps ?*

(4) « M. le duc de Gaëte ne combat
aucun des argumens de l'anonyme contre la
consolidation forcée. (page 15.)

Cependant il essaye dans ses notes (page 15) d'excuser
le paiement en rente qui fut ordonné par la loi sur les
Finances, du 20 mars 1815 : « depuis l'an 9 jusqu'à
« cette époque, dit-il, il n'a été proposé au Corps législatif
« qu'un seul crédit d'un million de rentes, représentant
« un capital de vingt millions, pour être employé au
« paiement de restes de créances des années antérieures
« à 1810, qui avaient paru au chef du gouvernement
« d'alors *assez peu recommandables* pour qu'il n'eût
« pas pu se déterminer à en autoriser le paiement en
« espèces. Je dois à la vérité de dire qu'un supplé-
« ment de crédit, peut-être égal au premier, me pa-
« raissait pouvoir devenir nécessaire pour éteindre la
« totalité de ces créances dont la liquidation n'était
« pas encore terminée. »
Ce ne fut pas sans doute sans quelque répugnance que

M. le duc de Gaëte se trouva obligé de proposer une loi qui renfermait plus d'une injustice.

1°. Rien dans la loi ni dans le rapport ne faisait pressentir l'insuffisance du crédit demandé ; quelle époque attendait-on pour demander le supplément nécessaire pour solder des créances dont quelques - unes remontaient au moins jusqu'à 1806 ? et quoique le million de rente qu'on créait ne pût en payer que la moitié , rien n'indiquait quelle moitié serait préférée ; chaque créancier pouvait donc craindre d'être compris dans la partie indéfiniment ajournée.

2°. M. le duc de Gaëte savait sans doute, comme tout le monde, excepté *le chef du gouvernement d'alors*, qu'en administration il n'y a pas de *créances peu recommandables*, qu'il ne peut en exister que de deux sortes, légitimes ou illégitimes. On doit payer intégralement les unes; et bien loin de payer les autres en rentes, il faut les annuler et en poursuivre les titulaires ainsi que les agens de l'administration qui leur ont fourni les moyens de soutenir des prétentions frauduleuses.

(5) « C'est une erreur bien cruelle que de ne vouloir pas priver les $\frac{19}{20}$ de la nation d'une partie de leur superflu pour conserver à l'autre 20ᵉ. son absolu nécessaire ! » (page 19.)

Ne perdons pas de vue que ce n'est pas, à proprement parler, le Gouvernement qui doit aux créanciers de l'État ; ce sont les contribuables qui représentent ou qui sont la Nation , parce que c'est elle qu'on a servi en servant le Gouvernement ; que c'est pour l'intérêt, bien ou mal entendu, des contribuables, en vertu de leur mandat et comme leur régisseur, que le Gouvernement a fait les dépenses qu'il s'agit de payer.

Si l'on fondait sur l'illégalité de ce mandat, ou plutôt sur l'abus qui en a été fait, quelqu'objection contre le principe que je viens de rappeler, elle tomberait devant la promesse qu'a faite le Roi, en reconnaissant ces engagemens, de les *considérer comme inviolables.*

(6) Page 20. *Note indiquée par erreur.*

(7) « J'ai toujours pensé que M. le báron Louis s'était exposé imprudemment au danger de craindre la rapidité des liquidations. » (page 22.)

Je le pense encore, quelques efforts que fasse l'anonyme, ordinairement si bon logicien, pour prouver que le Ministre devait être impatient de voir en circulation à la fois tous les Bons Royaux qu'il devait émettre. (Voyez les observations et éclaircissemens par un créancier de l'État, page 38).

(8) « Il ne serait pas juste que la jouissance des intérêts dépendît de l'époque, plus ou moins rapprochée, de la liquidation de chaque créance. » (page 28.)

Nota. Cette note 8 est indiquée dans l'ouvrage page 24 ; c'est une erreur : elle doit l'être à la page 28 après les mots du texte ci-dessus transcris.

La loi du 23 septembre 1814 offrait, sous ce rapport,

une imperfection qui n'a pas été assez signalée. En attachant l'intérêt aux obligations du Trésor, à dater de leur délivrance, et non aux créances à dater d'une époque fixe et générale pour tous les créanciers, et n'indiquant pas dans quel ordre devaient être réglées et expédiées les dettes des divers ministères et des divers exercices, elle ne donnait sous le rapport de la priorité aucune garantie aux créanciers contre l'arbitraire des liquidateurs ; elle exposait ceux-ci à des sollicitations importunes et nuisibles à la célérité du travail, à des reproches sans nombre, fondés ou non, de la part de ceux qui n'auraient pas été expédiés les premiers, et enfin les plaçait, aux dépens de la morale publique, à côté du danger de la séduction ; car puisque la liquidation pouvait durer plus de 2 ans et que les intérêts ne couraient qu'à dater de l'échéance, chaque créancier était *trop intéressé* à obtenir une prompte liquidation.

Sans doute, un bon choix de liquidateurs a prévenu une partie de ces inconvéniens ; mais les Ministres pouvaient se tromper dans ce choix, et il faut que les institutions portent, le plus possible en elles-mêmes, (indépendamment des individus qui doivent en seconder la marche) des garanties contre les abus. C'est d'après ce principe que j'ai signalé (pages 22 et 23.) une erreur de M. Louis : son système adopté pouvait durer plus long-temps que son ministère.

(9) « Je me crois fondé à supposer que la dette arriérée ne s'élèvera pas, à la fin de

novembre courant, à plus de 300 millions. »
(page 24.)

Dans le rapport qu'il fit à la Chambre des Députés,
en présentant la loi du 23 septembre, M. le baron Louis
l'évaluait approximativement à 759 millions ; mais il est
bien présumable qu'il avait eu la prudence de caver au
pis, afin d'obtenir des ressources surabondantes qui as-
surassent la libération malgré les mécomptes qu'il
pouvait éprouver dans quelques parties des recettes. Je
ne hasarderai pas d'évaluer cette exagération ; il suffit
de dire qu'elle a dû exister.

L'anonyme, défenseur des opérations de ce Ministre,
établit qu'il avait déjà été payé avant le 20 mars, en
diverses valeurs, 168 millions ; et depuis cette époque,
un grand nombre de créanciers pressés par le besoin,
ou se méfiant de l'avenir, ont consenti à être payés en
rentes d'après la faculté que leur offrait l'art. 29 de la
loi du 23 septembre 1814 ; et tous les jours il s'effectue
de pareils paiemens.

C'est sur ces données, un peu vagues sans doute,
qu'à défaut de documens positifs, j'ai supposé la dette
d'environ 300 millions ; au reste, mon évaluation fût-elle
reconnue inférieure à la réalité, le mode de paiement
que je propose serait également applicable à une dette
un peu plus forte.

(10) « Il doit être facile de mettre le nombre
suffisant d'employés à la disposition des chefs
de la liquidation. » (page 25.)

Il n'est pas hors de propos de fixer les idées sur ce

terrible mot de *liquidation*, qui rappelle de si cruels souvenirs à des milliers de familles, qui effraye les créanciers de l'État les plus honnêtes, et dont on a tant abusé en France, depuis 25 ans, pour payer tard, ou pour ne pas payer du tout.

Si les difficultés et les obstacles qu'on a si constamment opposés à la promptitude des liquidations étaient réels, ils feraient le procès au gouvernement et à l'administration qui a contracté la dette, parce qu'en général, un service bien ordonné, confié à des hommes recommandables et suffisamment surveillés, est toujours facile à liquider.

C'est un abus monstreux, s'il en fut jamais, que cette cumulation d'arriérés annuels à liquider, qui fait qu'un malheureux créancier ne peut toucher aujourd'hui, faute de liquidation, les sommes qui lui sont dues depuis 1807 ou 1808, tandis que la perte de 7 à 8 ans d'intérêt équivaut pour lui à une réduction de près de moitié de son capital. Il est permis d'espérer que dorénavant, sous un Gouvernement qui veut payer, et payer *le plutôt possible*, comme la justice l'exige, la liquidation et le règlement des dépenses administratives d'une année seront terminés avant la fin de l'année suivante.

Toutefois, il serait injuste de ne pas reconnaître que la liquidation des dettes antérieures au 1er. avril 1814 a pu exiger beaucoup plus de temps, parce qu'elles ne proviennent pas toutes de dépenses faites dans l'intérieur de la France par des administrations fixes et régulières ; c'est ce que M. le duc de Gaëte explique fort bien (pag. 9) : « La réunion d'événemens, dit il, sans lesquels

» on ne peut juger les dettes contractées dans l'état de
» guerre, si favorable à tous les genres d'abus, exige
» des recherches et des travaux qui deviennent plus dif-
» ficiles lorsque la guerre s'est faite dans l'étranger et
» surtout lorsque l'événement en a été malheureux. La
» liquidation des dernières campagnes, depuis 1812,
» doit donc, sous ce double rapport, présenter des dif-
» ficultés que l'on ne peut comparer à celles d'aucune
» autre époque. »

(11) « Le produit des contributions indirectes s'accroîtra en raison de l'aisance générale. » (page 31.)

Surtout si l'aisance générale pouvait être favorisée par
l'émission graduée d'un signe représentatif qui suppléât,
dans les transactions, à une partie du numéraire effectif
qui sortira de France d'ici à 5 ans ; mais l'examen de
cette question délicate et d'une haute importance
n'entre pas dans le plan que je me suis proposé en ré-
pondant à la brochure de M. Gaudin.

(12) « Le but louable de M. le baron
Louis était de mettre les créanciers de l'État *à
l'abri de toute perte.* » (page 31.)

Je dis que cette intention était louable, parce qu'elle
était conforme à leurs droits et à la stricte justice, qui
voudrait qu'on les payât en espèces et sans délai ; mais
ce Ministre, plus capable que personne de juger com-

bien les ressources de la France sont diminuées depuis l'époque à laquelle il avait conçu ce plan généreux, reconnaitrait sans doute lui-même la nécessité de se borner à ce qui est possible, sans chercher à atteindre, si j'ose m'exprimer ainsi, le *beau idéal* de la libération du Gouvernement.

(13) « Il faut que la justice et la bonne foi soient désormais la base de tout système de Finances, hors de là point de crédit. » (page 35.)

La *libre* discussion des comptes généraux rendus annuellement par les Ministres, avantage que nous devons à cette Charte si généreuse, est sans doute aussi un des premiers élémens de crédit public ; mais sans la fidélité aux engagemens, c'est-à-dire *le paiement intégral aux époques consenties*, ce puissant remède ne ferait qu'augmenter le mal, en donnant un plus haut degré d'évidence et une plus grande publicité aux injustices financières, dont la connaissance, sous un gouvernement despotique, peut, pendant quelque temps, ne s'étendre guère au-delà du cercle des victimes qu'elles ont faites.

***

P. S. Au moment où cette brochure était sous presse, j'ai lu celle que M. Bricogne, ex-premier commis des finances, vient de publier

sous le titre de : *Quelques mots de conso-
lation aux Créanciers de l'État, en réponse
à l'opinion préliminaire sur les finances de
M. le duc de Gaëte.* M. Bricogne se reconnaît
en même temps l'auteur des deux écrits ano-
nymes dont j'ai fait mention pages 4 et 7.

Comme il persiste dans l'apologie du système de M. le baron Louis, je vais ajouter
quelques mots en persistant dans ma critique.

« La première opération d'un Ministre des
» Finances, lorsqu'il ne peut payer une dette
» exigible, dit M. Bricogne, est de *donner*
» *toute sécurité aux créanciers ;* la seconde,
» de *fixer des échéances* SUCCESSIVES calculées
» sur des moyens assurés de paiement. C'est
» ce qui fut fait en 1814........ Ce fut aussi
» en *annuités plus ou moins éloignées* que
» consistèrent les premiers emprunts en
» Angleterre et dans les États-Unis d'Amé-
» rique. » (page 312.)

J'ai reconnu, comme M. Bricogne, que le
Ministre doit *donner toute sécurité aux
créanciers* (v. page 20) et fixer des échéances

successives calculées sur des moyens assurés de paiement, mais j'ajouterai : c'est ce qui *ne* fut *pas* exécuté en 1814. Les créanciers n'avaient pas de sécurité quant à l'époque de leur paiement ni de la jouissance des intérêts, puisque ces deux points importans dépendaient de l'époque de la liquidation laissée à peu près à la discrétion de liquidateurs hors de la dépendance du Ministre des Finances.

Les échéances des Bons royaux de M. le baron Louis ne pouvaient avoir de *succession régulière,* puisque cette succession dépendait des progrès de la liquidation qui pouvaient être tantôt lents, tantôt rapides, suivant qu'on opérait sur des créances d'une vérification plus ou moins facile.

Les obligations dont je conseille l'émission sont de véritables *annuités ,* puisqu'elles échoient dans trois années successives et fixées par la loi. Les Bons royaux de 1814 n'étaient pas des *annuités plus ou moins éloignées* comme celles des États-Unis, puisque la loi ne fixait pas l'année de leur échéance et que la totalité pouvait échoir dans l'espace de dix-huit mois. (v. page 20.)

Je pense donc que *mes remarques subsistent*, et avec d'autant plus de raison qu'elles me paraissent renforcées par les principes qu'établit le plus habile apologiste de M. le baron Louis.

FIN.

TABLE

TABLE

DES TITRES

QUI INDIQUENT LA DIVISION DE CET ÉCRIT.

Fin de la Table.